LAËTITIA MILOT

Lili et l'arbre magique

À ma fille, Lyana, qui m'a inspiré l'écriture de cette histoire.

LAËTITIA MILOT

Lili et l'arbre magique

Illustré par Léa Fabre

Larousse Jeunesse

Dans le village, Lili attend l'heure de l'aventure.
Chaque dimanche, elle part explorer la forêt.

– Lili, assieds-toi, soupire Maya, sa mère. Tu ne peux pas manger une crêpe et enfiler ta veste en même temps.
– J'ai tout fini, répond Lili, le menton plein de chocolat.
À tout à l'heure !

La petite fille se sauve aussitôt, suivie par sa meilleure amie, un bébé licorne nommé Étoile.

Étoile doit porter des pantoufles
dans la maison, car des fleurs poussent
dès que ses sabots touchent le sol.
Alors, quand elle est dehors, la licorne
caracole joyeusement les pattes à l'air !
La voilà qui dessine un sentier
de boutons d'or derrière Lili.

D'habitude, la forêt est réconfortante
comme un grand câlin. Mais aujourd'hui,
on dirait qu'elle a du chagrin.
Le tapis de mousse émeraude est devenu gris.
Et les oiseaux ne font plus un bruit.

Lili murmure :
– Que se passe-t-il ici ?
Pourquoi la forêt est-elle triste ?
Une brise légère lui caresse l'oreille,
et elle entend une voix qui chante :

Si tu m'entends,
accueille mes mots doux,

Si tu m'écoutes,
ferme tes paupières.

*Je t'emmène à travers
les racines et les pierres,*

*Je t'invite au
Royaume du dessous.*

– On y va, tu crois ?
demande Lili à Étoile.
Étoile hoche la tête :
au fond d'elle, elle sent
qu'elles peuvent faire
confiance à cette voix.
Alors Lili ferme les yeux.

Lili a l'impression de
tomber tout doucement.
Lorsqu'elle ouvre enfin les yeux,
elle découvre une grotte immense.
Là, un arbre doré plonge ses racines
dans la rivière où une sirène les attend.

– Lili, Étoile, vous êtes les bienvenues dans le Royaume du dessous.

– Je reconnais votre voix, c'est vous qui chantiez, répond Lili.

– Oui, je suis la gardienne de cet endroit. Et toi, Lili, tu es la première humaine que je fais entrer ici.

– Ma mission, poursuit la sirène, est de protéger cet arbre magique dans le plus grand secret et d'empêcher quiconque de le trouver, car c'est un arbre de vie : il est relié à tous les êtres vivants de ton village, du brin d'herbe à l'hirondelle, des enfants aux dragons. S'il souffre, c'est toute la nature qui souffre.

– Mais… il a perdu beaucoup de feuilles, bredouille Lili.

– C'est pour cela que je t'ai appelée. Grâce à ton grand cœur, tu as compris la tristesse de la forêt. Je sais que tu pourras m'aider.

– Qu'est-ce que je peux faire ? demande Lili.
– Il faut que les villageois soignent la nature.
À chaque geste favorable, une nouvelle feuille poussera.
Mais s'ils continuent de blesser la terre, l'arbre disparaîtra.
Alors les plantes, les animaux, les créatures merveilleuses et les humains tomberont malades. Lili, je crois en toi.
Emporte cette brindille : trois feuilles d'or apparaîtront quand l'arbre magique sera sauvé.

Puis la sirène chantonne une berceuse qui plonge
Lili et Étoile dans un profond sommeil.

Les deux amies se réveillent dans la chambre de Lili. Dans sa main, la petite fille tient une brindille. Elle n'a pas rêvé !

– Maman, maman !

– Que se passe-t-il ? répond Maya en accourant.

Lili se blottit dans ses bras et se met à tout lui raconter.

– C'est incroyable, Lili, lui dit sa mère. Je pensais que cet arbre magique n'existait pas, que ce n'était qu'une légende. Il faut réunir le village pour trouver une solution.

– Mais comment tous les faire venir ?

– Crois-moi, personne ne refuse de participer à un goûter géant !

Le lendemain, les villageois ont répondu à l'appel du goûter.
La petite fille devrait sourire, mais elle s'inquiète pour Étoile.
Depuis hier, ses belles couleurs disparaissent...
Et si elle était déjà malade, comme l'a prédit la sirène ?
Étoile la pousse du bout du nez : il faut avertir
le village du danger qui s'annonce.

Lili rassemble son courage et monte sur un banc
pour raconter ce qui lui est arrivé.
Tout le monde ouvre grand ses oreilles…
ou presque.

Dans un coin, un monsieur jette une bouteille en plastique, au lieu de la mettre dans une poubelle.

– Eh, je suis très sérieuse ! s'exclame Lili. Maintenant, on doit arrêter de polluer comme ça.

– N'importe quoi, grogne le monsieur.

Lili tend la brindille de l'arbre magique vers lui : elle devient grise sous ses yeux.

Et là où le monsieur a lancé la bouteille, toute l'herbe a jauni.

– S’il vous plaît, écoutez Lili,
s’écrie un petit garçon.
– Oui, la situation est urgente !
ajoute une jeune fille.
Il nous faut un plan.

Quelque chose de fantastique se produit alors.
Ensemble, les enfants et les adultes élaborent un grand plan.
La première mission ? Réparer les vélos du village.
Pour les petits trajets, il vaut mieux privilégier la marche,
les vélos et les trottinettes.
Quand la nuit vient, la brindille s'illumine sous les yeux de Lili !

Une première feuille dorée a poussé.
Cela signifie que l'arbre magique
se porte déjà mieux grâce aux efforts
des villageois.

Dès l'aube, la mission suivante commence :
direction la cuisine de l'école pour apprendre à cuisiner
sans épuiser la nature !

– Le mieux, dit une mamie, c'est de manger les fruits
et les légumes à la bonne saison, ni avant ni après.

– Choisissez ceux qui poussent près du village, ajoute son fils. Cela évite de les faire venir de l'autre bout du monde. Maintenant, si je vous montrais ma recette préférée ?
Les cuillères tournent, les casseroles grésillent, on va se régaler !

À la fin du festin, Lili apporte les épluchures et les coquilles d'œufs au potager. Tout ça part dans le nouveau composteur. Avec le temps, des petites bêtes et des champignons vont grignoter ces restes. Ils vont les transformer en une terre noire qui nourrit les plantes et qui a la même odeur que la forêt.

– On ne gâche rien, dit Lili avec le sourire.
À ces mots, une deuxième feuille pousse sur la brindille !
– Étoile, Étoile, tu as vu ça ? On va réu…
Lili ravale ses mots. Étoile est en train de pleurer, car ses sabots ne font plus pousser que des fleurs fanées.

Pourquoi Étoile est-elle de plus en plus malade ?
Ah, si seulement la sirène pouvait l'aider !
Désespérée, Lili chante :

*Si tu m'entends,
accueille mes mots doux,*

*Si tu m'écoutes,
je ferme les paupières.*

Lili ferme les yeux très fort.
Si longtemps qu'elle s'endort.
Dans son rêve, elle entend
une voix familière :
– Le destin des licornes dépend
des fleurs... Sans jacinthes, coquelicots
et marguerites, Étoile risque
de perdre toutes ses forces.

*Emmène-moi à travers
les racines et les pierres,
Invite-moi au
Royaume du dessous.*

– Eh, pourquoi faites-vous la sieste dans le jardin ?
Et d'où sortent ces graines ? demande soudain Maya.
Lili ouvre un œil, puis l'autre. Elle s'éveille,
sa maman penchée au-dessus d'elle.
– J'ai rêvé de la sirène, explique Lili.
Elle m'a dit de semer ces fleurs
pour guérir Étoile.
– Oh ! Une nouvelle mission
pour le village ! Vite, appelons
les voisins !

Lili disperse les premières graines autour d'Étoile.
Des coquelicots surgissent d'un coup !
Au milieu des pétales rouges, la petite licorne s'ébroue.
Ses couleurs et sa joie sont enfin revenues.

On sème les graines dans les rues et les jardins.
Étoile n'est pas la seule à en avoir besoin.
Maya explique aux enfants que les fleurs nourrissent une foule de petites bêtes, comme les abeilles ou les fourmis qui, à leur tour, aident les plantes à se reproduire. Leurs vies sont liées.

Lili pense à l’arbre magique. Elle regarde la brindille : la troisième et dernière feuille d’or a poussé ! Le grand plan des villageois a marché. Mais pour éviter les erreurs du passé et continuer de veiller sur l’arbre magique, ils ont mille autres idées.

Le soir, Lili trouve un mot sur son oreiller.
« Petite fille au grand cœur,
Voici un passage magique pour te remercier.
Toi seule pourras l'utiliser avec ta meilleure amie. »

Sous le lit, une trappe apparaît.
– C'est parti, Étoile ?
Le bébé licorne hoche la tête.
Elles ouvrent le tiroir et entrent…
dans le Royaume du dessous ! La sirène
est au pied de l'arbre magique,
qui éclaire la grotte comme un soleil.

Grâce à Lili et à l'union des villageois, la nature a repris ses plus belles couleurs : ils ont compris qu'il fallait continuer de la protéger… pour le plus grand bien de tous.

Écoute l'histoire lue
par Laëtitia Milot !

Direction de la publication : Sophie Chanourdie
Édition : Anne Létoré
Collaboratrice : Marion Jagu
Responsable artistique : Mélissa Chalot
Mise en pages : Fanny Bouchet
Fabrication : Rebecca Dubois

21, rue du Montparnasse – 75006 Paris

ISBN : 978-2-03-606284-9
Dépôt légal : octobre 2024
337202-01/11056203 – septembre 2024
Imprimé en France

Conforme à la loi n° 49-956 du 16 juillet 1949 sur les publications destinées à la jeunesse.